Yon Liv Crabtree Rasin

Zannimo Pak Yo

CHWAL

AMY CULLIFORD
JEAN-PIERRE GASTON

CRABTREE
Publishing Company
www.crabtreebooks.com

Sipò Lekòl A Kay Pou Moun Kap Bay Swen Ak Pwofesè Yo

Liv sa a ede timoun yo grandi lespri yo nan kite yo pratike lekti. Men kèk kesyon kap ede lektè a bati konpreyansyon konpetans yo. Epons posib yo parèt an wouj.

Anvan Lekti:

- De kisa mwen panse liv sa ap pale?
    - *Liv sa a se sou chwal.*
    - *Liv sa a se sou chwal ki viv nan pak yo.*

- Kisa mwen vle aprann sou sijè sa?
    - *Mwen vle aprann kisa chwal yo manje.*
    - *Mwen vle aprann ki koulè yon chwal ka ye.*

Pandan Lekti:

- Mwen mande poukisa...
    - *Mwen mande poukisa moun monte chwal.*
    - *Mwen mande poukisa gen chwal ki gen koulè diferan.*

- Kisa mwen te aprann jiskaprezan?
    - *Mwen te aprann ke chwal yo bwè dlo.*
    - *Mwen te aprann ke chwal yo renmen kouri.*

Aprè Lekti:

- Ki detay mwen te aprann sou sijè sa?
    - *Mwen te aprann ke chwal yo manje zèb.*
    - *Mwen te aprann ke chwal yo renmen sote.*

- Li liv la ankò epi chèche mo vokabilè yo.
    - *Mwen wè mo* ***bwè*** *nan paj 6 ak mo* ***zèb*** *nan paj 8. Lòt mo vokabilè yo wap jwenn nan paj 14.*

Sa se yon **chwal**.

Chwal ka gen koulè nwa, blan, oswa mawon.

Tout chwal **bwè** dlo.

Tout chwal manje **zèb**.

Moun ka monte chwal.

Tout chwal renmen kouri, sote, ak jwe!

Lis Pawòl

Mo timoun rekonèt lè yo fèk kòmanse li

a
ak
blan
dlo
manje
mawon
nwa
sa
se
tout
yon

Mo pouw Konnen

bwè

chwal

zèb

30 mo

Sa se yon **chwal**.

Chwal ka gen koulè nwa, blan, oswa mawon.

Tout chwal **bwè** dlo.

Tout chwal manje **zèb**.

Moun ka monte chwal.

Tout chwal renmen sote, ak jwe!

Zannimo Pak Yo

CHWAL

CRABTREE Publishing Company

Ekri pa: Amy Culliford
Ki fèt pa: Rhea Wallace
Devlopman Seri a pa: James Earley
Korektè: Kathy Middleton
Konsiltan Edikasyon: Christina Lemke M.Ed.
Tradui pa: Jean-Pierre Gaston

Photographs:
Shutterstock: Henk Vrieselaar: cover (tl); Jesus Cervantes: cover (tr); Barry Fowler: cover (b); Kent Weakley: p. 1; James Kirkikis: p. 3, 14; Lillac: p. 4-5; Andrej Kubik: p. 7, 14; Sheeval: p. 9, 14; RMC42: p. 11; pirita: p. 12

Library and Archives Canada Cataloguing in Publication

CIP available at Library and Archives Canada

Library of Congress Cataloging-in-Publication Data

CIP available at Library of Congress

Crabtree Publishing Company

www.crabtreebooks.com 1-800-387-7650

Printed in Canada/052021/CPC

Pibliye Ozetazini
Crabtree Publishing
347 Fifth Avenue, Suite 1402-145
New York, NY, 10016

Pibliye nan Kanada
Crabtree Publishing
616 Welland Ave.
St. Catharines, Ontario L2M 5V6